attribué au gal Waldner de
Freundstein.

EXTRAIT DU *SPECTATEUR MILITAIRE*
Décembre 1887.

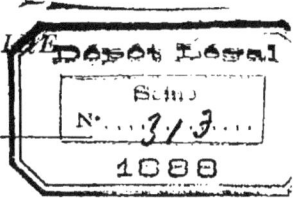

LES GRANDES BATAILLES DE METZ

du 19 juillet au 18 août 1870 (1).

LES DERNIERS JOURS

DE

L'ARMÉE DU RHIN

du 19 août au 29 octobre 1870

> « Le plus difficile n'est pas de
> faire son devoir, mais bien de
> le connaître.
> « ROYER-COLLARD. »

Le moment est-il déjà arrivé? Peut-on espérer que sans passion, dans l'intérêt seul de l'histoire, un écrivain apprécié, nous fera connaître la vérité sur les malheureux débuts de la campagne de 1870? Des fautes commises contre les principes de la science de la guerre, fautes contre les grandes règles de l'art ont eu des conséquences terribles et successives.

Il est certain que M. Alfred Duquet, avec une grande indépendance de jugement, avec toute la bonne foi personnelle possible, a le désir de nous montrer les responsables. Mais qu'il me permette de le lui dire, il est forcé de nous montrer aussi les écrivains dans lesquels il a puisé ses

(1) Deux volumes par ALFRED DUGUET. G. Charpentier et Cie, éditeurs.

renseignements. Toutes ses nombreuses citations font de lui un érudit, un travailleur convaincu. Il doit savoir cependant que la politique des partis en France a joué un rôle prépondérant jusqu'à ce jour, chaque fois que cette terrible question a été soulevée. C'est chez les étrangers surtout que nous pourrions trouver des jugements indépendants. Encore, ces étrangers ne peuvent-ils pas avoir écrit pour ou contre la Prusse ; pour ou contre nous ? Je crois que les sources dans lesquelles a puisé M. Alfred Duquet, sont relativement récentes, elles ne méritent pas toutes encore une confiance absolue. Il n'y aurait rien de surprenant à ce que malgré l'énormité de son travail, il puisse ne pas avoir rallié tout le monde à ses opinions, qui méritent cependant d'être prises en grande considération. Elles ont plus de valeur que des opinions simplement personnelles.

M. Alfred Duquet a employé la méthode d'induction, celle de M. Taine, condamnée, par le prince Napoléon (Napoléon Ier et ses détracteurs), par M. de Pontmartin (dans le *Correspondant* d'octobre 87). J'aimerais mieux lui voir faire usage de la méthode d'analyse, celle de Thiers, de Jomini, pour les guerres du commencement du siècle ; celle du colonel fédéral divisionnaire, Ferdinand Lecomte, pour les guerres modernes ; ou bien encore la méthode comparative qui mettrait en parallèle les actions de guerre de 1870 avec celles qui les ont précédées, faisant par exemple un rapprochement entre les manœuvres qui amenèrent les armées à Sedan en 1870 et à Marengo en 1800, étudiant les conséquences presque identiques de ces deux opérations, chacune des deux armées battues croyait s'appuyer sur une place forte insuffisante pour son effectif. Ou bien, deuxième exemple comparant : Metz en 1870 avec Ulm en 1805 ; les armées réfugiées sous ces deux places, bloquées par les mouvements enveloppants de l'ennemi furent forcées de capituler, de livrer ces places de guerre après un temps plus ou moins long. Il me semble que ces deux souvenirs seuls auraient dû suffire en 1870 pour nous empêcher de nous attarder à Metz. Cette méthode, il est vrai, nous amènerait à comparer les hommes de 1870 avec les parvenus d'aujourd'hui, lesquels, en 1870, n'étaient que de 3ᵉ catégorie.

Est-ce cette crainte qui a arrêté M. Alfred Duquet? On pourrait le croire, car M. Alfred Duquet dans son travail apprécie et juge autant les hommes que les faits.

D'après Clausewitz (1) « la guerre exige de ceux destinés à la mettre en pratique plus que de la science, elle demande d'abord et avant tout *la supériorité du caractère.* » Puis au rang des puissances morales de premier ordre, Clausewitz met aussi :

« Le talent du général en chef, son expérience personnelle du champ de bataille.

« Les vertus militaires, l'abnégation et le dévouement, qu'il ne faut pas exiger de ses inférieurs seulement.

« L'esprit national de l'armée, son patriotisme. »
Clausewitz est notre ennemi.

Napoléon Iᵉʳ dans ses maximes répétait souvent : « Il n'y a qu'une manière d'apprendre à conduire les hommes et les armées. Méditer sans cesse sur les campagnes du temps passé ; lire et relire les écrits des grands capitaines. »

Le devoir du soldat, quel que soit son grade, est tracé par ces doctrines :

L'amour de la patrie, ses intérêts, sa grandeur, sa gloire.

L'amour de ses inférieurs, de ses semblables, la défense de leur honneur.

Qu'on n'oublie jamais en France que la grandeur d'une nation est intimement liée à son histoire militaire. Que

_____

(1) Traduction du colonel de Vatry.

nous le voulions ou que nous ne le voulions pas, que les doctrines opposées nouvelles nous envahissent ou non, les faits sont là acquis par l'expérience ; « toute puissance qui renonce à son état militaire, qui l'amoindrit en face de ses voisins armés est une puissance en décadence. »

Malheur au soldat dont la conscience est élastique. S'il s'élève dans l'ordre matériel des jouissances, il s'abaisse dans l'ordre moral. L'absence de sens moral a toujours été un signe de décadence chez un peuple comme chez un homme.

M. Alfred Duquet, avec raison, ne peut admettre que nous soyons déjà les Français de la décadence malgré les communications du maréchal de Molke faites récemment à une réunion d'officiers de la garnison de Berlin. « Nos campagnes, nos victoires ont instruits nos ennemis qui ont, comme nous, armement et courage. Notre force est dans la direction.

« Cette force, nos ennemis peuvent nous l'envier, mais ils ne la possèdent pas. »

Nous nous rattraperons par le soldat, par le détail, me répondait à cela, il y a peu de temps, un général de la vieille époque. Est-ce suffisant ? Qu'on en juge !

La prochaine guerre doit avoir pour conséquence un bouleversement général, un anéantissement complet de l'un ou de l'autre parti en présence, peut-être même des deux ; mais suivi d'une résurrection ainsi que d'un désarmement général en Europe, après la création d'un état puissant neutralisé, séparant à jamais *les ennemis héréditaires*. Ce serait dès lors un crime d'entreprendre une pareille guerre sans avoir tous les atouts dans son jeu. La Prusse (1) n'est vulnérable que par sa frontière du Sud.

(1) *Spectateur militaire*, mai-juin 1869. Trois dernières pages de l'article : « Introduction à la science de la guerre moderne. »

Sa frontière du Sud est en contact avec l'Autriche, nous ne pouvons l'atteindre qu'en passant par l'Italie ou en violant la neutralité de la Suisse. L'alliance avec l'Italie et l'Autriche nous devient une nécessité en vue du grand objectif de cette prochaine guerre.

Bismarck le sait bien, il a toujours songé à faire tourner cette alliance à son profit en accaparant ces deux puissances.

Qu'avons-nous fait pour nous y opposer? Quelle compensation leur avons-nous offerte pour avoir leur appui? Avec le soldat et le détail, nous arriverons sur le Rhin peut-être, mais il nous faut la direction pour imposer la loi à Berlin.

Soyons sages, attendons encore, longtemps s'il le faut. — Mais « patience et longueur de temps font plus que force ni que rage. »

Dans M. Alfred Duquet écrivain, il y a deux hommes, le militaire, le politique. Sa déclaration de principes, en tête de son premier volume, nous inspire, dès le début, la plus grande confiance. Eh bien! qu'il me permette de le lui dire aussi dès le début, la lecture complète de son œuvre ne justifie pas cette confiance. Les faits sont bien présentés, clairs, précis, ils reposent sur des données certaines, sont un résumé complet avec preuves accumulées de tout ce qui a été écrit. Son travail mérite la plus grande attention de la part du lecteur qui veut s'instruire ou apprendre l'histoire militaire de 1870. En l'éclairant sur les faits, M. Alfred Duquet lui facilite tout travail. Mais quand M. Alfred Duquet apprécie les hommes, les mobiles, les causes, on s'aperçoit de suite qu'il n'a plus son indépendance; il n'a pas su se mettre à l'abri de ses propres sentiments. Ses impressions s'en ressentent, il nous les fait deviner surtout dans certaines expressions dont il se sert ; expressions violentes qui outrepassent ses intentions, on doit le croire (1).

Un historien, parlant du passé, ne les emploirait pas, et cependant les contemporains vivent encore. Dans la vie d'un homme public, qui a cinquante ans d'existence, un fait blâmable, maladroit, ne suffit pas pour le gratifier d'une épithète malsonnante. Si je le dis, c'est que je ne pense pas que M. Alfred Duquet ait eu l'intention de n'écrire que pour une certaine catégorie de lecteurs. Ses désirs sont plus relevés. Par l'étendue de son travail, il a le droit de demander à être suivi par tout le monde ; il ne faut pas que l'on puisse dire de lui écrivain : « Homme de parti. »

M. Thiers, pour son vingtième volume du Consulat et de l'Empire, n'est pas qualifié : « homme de parti. » Vaulabelle, pour son premier volume, *Histoire des deux Restaurations*, peut en être soupçonné. Charas, pour ses (Cent jours), la Tour-d'Auvergne, pour son (Waterloo), en sont accusés, toutefois, selon l'opinion du lecteur.

Je ne pense pas que M. Alfred Duquet se soit proposé ce but ; il y a là un écueil qu'il n'a pas su éviter.

Ceci, bien entendu, je n'y reviendrai plus. Il ne s'agit pas de Bazaine, ce dernier mérite une étude spéciale.

Le premier volume, *Les grandes batailles de Metz*, sont peintes par l'écrivain militaire. Le second volume, *Les derniers jours de l'armée du Rhin*, appartiennent à l'homme politique. Tout en me rendant parfaitement compte de la valeur de ce second volume, tout en reconnaissant qu'il est bien plus fait que le premier pour passionner les masses, je n'hésite pas, je donne la préférence de beaucoup au premier volume sur le second.

(1) Page 12 : des *Grandes batailles de Metz*.

Les deux volumes sont à lire ; l'un ne peut être accepté sans l'autre.

I

Dès ses premières pages, M. Alfred Duquet nous porte sur le Rhin, avec les divisions de Paris, du camp de Châlons et de Lyon. Il demande l'offensive de notre part, prompte, rapide, efficace, dès le 29 juillet (1), disant avec raison qu'alors les concentrations de l'ennemi se seraient faites sur la rive droite du Rhin. Ce projet a été proposé à Alger dès, le 15 juillet, dans un dîner officiel ; celui qui en parlait n'avait pas qualité, ce projet fut repoussé par cette exclamation : « Ah ! si c'est ainsi que vous faites la guerre. » Dix-huit ans plus tard, chacun est à peu près convaincu que c'était la seule chose qui eut dû être faite en juillet 1870. Cette idée est nouvelle, elle valait la peine que M. Alfred Duquet la prit en considération.

Les hostilités s'ouvrirent le 2 août, par une reconnaissance sur Saarbrück. J'en parlerai peu ; je puis affirmer, cependant, qu'il n'y eut pas de bombardement. Deux obus peut-être au plus, furent tirés sur la gare de Saint-Jean, au moment du passage du bataillon du 40e prussien, qui se retirait. Pour ce jour là j'emploierai, comme M. Duquet, la méthode comparative. Nous connaissons les procédés des Prussiens à Bazeilles et à Saint-Cloud. Notre auteur nous fait connaître l'entrevue du général Frossard avec le bourgmestre de Saarbrück, mais je ne crois pas qu'il connaisse, à l'appui de sa narration, le fait suivant. J'en suis un témoin oculaire et auriculaire :

Les faisceaux avaient été formés par le 55e de ligne, sur la place d'exercices de Saarbrück. Trois hommes, sans

(1) Voir les pages 6 et 7.

arme, sans ordre, en se promenant, pénétrèrent dans la quatrième maison à gauche en entrant en ville ; on entendit un coup de fusil. Cinq minutes ne s'étaient pas écoulées, que deux de ces hommes ramenaient le troisième, mort. Le propriétaire de la maison venait de le tuer ; exécution sommaire sans explication de sa part, ni justification. Un rassemblement se forma aussitôt autour du cadavre ; le général Valazé était présent, le colonel du 55ᵉ se faisait rendre compte de l'événement, au milieu du silence le plus profond. Le général prit la parole avec beaucoup de calme, mais de façon à être entendu : « C'est fâcheux, dit-il, très fâcheux. Les ordres sont formels ; cet homme a eu le tort d'entrer dans une habitation ; il n'y a rien à faire ; que l'on porte le corps à l'ambulance. » Je certifie le fait, l'homme était du 55ᵉ. Sans commentaire, en 1887.

Oui. Le bulletin de victoire paru au journal officiel ne fut pas heureux. A la prise de Saarbrück, l'avant-garde était conduite par le lieutenant-colonel Thibaudin du 67ᵉ. C'est de son entrée dans Saarbrück que date l'origine de ses succès, de sa fortune, de sa gloire.

A l'entrée dans Saarbruck, le 2ᵉ corps perdit 86 hommes (1). A l'entrée dans Kairouan, la ville d'Okba, combien l'armée française perdit-elle d'hommes ? — Cependant le journal officiel reproduisant le discours du président du conseil, M. Jules Ferry, à cette occasion, n'hésita pas à comparer l'entrée du général Saussier, à Kairouan avec celle d'Alexandre dans Babylone. Le général Saussier n'en est pas cause, sa réputation est pure et intacte, sa vie militaire ne prête pas à la critique, mais ses amis politiques ne lui ont pas été nuisibles. On comprendra facilement qu'il m'est impossible malgré le journal officiel, de trouver une analogie quelconque entre les victoi-

(1) Voir page 9.

res remportées sur les Kroumirs et les batailles du Grani-
que, d'Issus ou d'Arbelles.

Cette reconnaissance de Saarbruck avait sa raison d'être;
elle eût été utile, efficace, si la pointe d'avant-garde du
2ᵉ corps avait occupé et gardé les ponts de la Saare après
les avoir minés; si la brigade d'avant-garde était restée
campée sur le terrain d'exercice qui domine toute la ville.
Mais les ponts ne furent pas détruits, parce que notre
armée devait les passer le 10. La position de la brigade
d'avant-garde sur le terrain d'exercice, pouvait être tournée.
Ces deux raisons nous furent données sur place par le chef
d'état-major du 2ᵉ corps, très bon chef de bureau, une
réputation même, mais qui ne se doutait pas de ce que pouvait être la guerre régulière en 1870.

Ne pas garder les ponts de la Saare, ne pas les observer?
Qui dès lors pouvait empêcher les Prussiens de les détruire
avant le 10? Comment pourrions-nous les passer le 10 si
les Prussiens les avaient détruits? Comment pourrions-nous
connaître à temps l'attaque menaçante de l'armée ennemie,
si elle se décidait à l'invasion avant le 10? Par où notre
avant-garde à Saarbruck pouvait-elle être tournée? A cette
question il fut répondu : « par Gross-Blitersdorf! »

Il faut savoir que cette commune est à 12 kilomètres de
Saarbruck, direction de Sarreguemines. Les deux bataillons
du 40ᵉ de ligne prussien attaqués par deux divisions fran-
çaises le 2, ont bien mis plusieurs heures à évacuer Saarbruck en forçant ces deux divisions à se déployer. La
brigade laissée à Saarbruck ne pouvait-elle faire de même,
en se retirant sur le 2ᵉ corps devant des forces supérieures? Est-ce que le 2ᵉ corps attaqué par ces forces
supérieures, surtout prévenu de la veille, ne pouvait à son
tour agir de même, en se retirant à son heure sur Caden-
bronn où il devait trouver l'appui des divisions du 3ᵉ corps,
qui avaient le temps de se concentrer pour le soutenir, le

recevoir, puis combattre. C'eût été une manœuvre, c'eût été la guerre régulière. L'expérience nous a servis; ces distances réglementées aujourd'hui n'étonneraient plus personne en 1887. La ligne de bataille de la position s'étend de Sarreguemines par Gross-Blitersdorf et Caden-bronn sur Saint-Avold; Forback et Spieckeren ne sont que la position du corps d'avant-garde de l'armée, Saarbruck est le poste de la brigade d'extrême avant-garde, les passages de la Saare sont les emplacements des grandes gardes. Dans ces conditions la grande bataille défensive ne se fût livrée que le 7, son centre de résistance eût été à Caden-bronn, toute l'armée aurait eu 48 heures devant elle pour choisir ses positions.

Voilà comment je crois que les opérations du 2 au 6 et 7 août auraient pu être comprises; menaçants ou menacés. Dans ces conditions, en partie devinées, la retraite du 2ᵉ corps le 6 au soir ne devait se faire que sur la direction de Metz. Même en passant par Sarreguemines, on devait revenir sur Metz, ce qui a été fait. La croyance était géné-rale au 2ᵉ corps; on ne découvrait pas le 3ᵉ corps en se retirant, on le démasquait seulement, pour lui permettre d'agir à son tour à sa guise, selon les intentions du géné-ral en chef à Cadenbronn, où il aurait dû se concentrer pendant la journée du 6, selon nos prévisious, pour nous recevoir, nous protéger, puisqu'il n'avait pas combattu. Certes le 3ᵉ corps pouvait être attaqué à son tour le 7, mais par des troupes très fatiguées du combat du 6. En nous retirant sur Sarreguemines nous étions convaincus aussi que nous trouverions la division Montaudon au moins à Gross-Blitersdorf. On le voit, toutes les hypothèses de manœuvre sont possibles avec des chances de succès et de revers.

Ceci dit, passons. Les opérations du 6, « combat de Spiekeren », sont écrites par M. Alfred Duquet avec un tel luxe de détails, de pièces à l'appui, qu'il faut les lire. Nulle part, dans aucun ouvrage résumé je n'ai trouvé cette rectitude, quant à l'exposé des faits. Nous verrons employés par M. Alfred Duquet les mêmes procédés, nous le verrons arriver au même résultat pour les batailles des 14, 16 et 18 août. Je n'ai aucune raison pour reproduire même en partie son travail.

Oui encore après les batailles de Frœschwiller et de Forback les retraites des deux armées, les concentrations devaient se faire sur la haute Moselle, sur des positions étudiées d'avance. Les plateaux des Hayes, si l'on veut, indiqués depuis longtemps comme le dit M. Alfred Duquet. Cette proposition mérite en 1887 de faire l'objet d'une mention spéciale.

« *L'ennemi héréditaire* » n'est pas l'Allemand c'est le Prussien. L'ancien empire d'Allemagne, le Saint-Empire n'a rien de commun que le nom avec l'empire prussien. Ni les organisations, ni les constitutions, ni la centralisation de ces deux empires ne se ressemblent. C'est le Prussien menaçant sans cesse, sans trève ni repos, qu'il faut séparer de la France; le séparer par un état neutralisé, prolongeant la Belgique sur la rive gauche du Rhin jusqu'à la Suisse. Dans cette condition seulement les états d'Europe, même la Russie, pourront avoir l'espérance du repos, la possibilité d'amoindrir leur budget de la guerre qui les ruine. C'est le Prussien qui est menaçant pour le repos de l'Europe, ce n'est pas le Français qui a malheureusement assez à faire chez lui.

Richelieu avec persistance, pendant les longues années de sa carrière, n'eut qu'une politique : « l'amoindrisse-« ment de la puissance de la maison d'Autriche. » Il a fait dans ce but alliance avec les protestants d'Allemagne, pendant qu'il assiégeait les protestants de La Rochelle.

Notre objectif unique, persévérant, aujourd'hui, doit

être l'amoindrissement de la maison de Hohenzolern, la disparition de l'Empire prussien, au profit non de notre élévation, mais du repos de l'Europe. Pourquoi, dès lors, ne pas rechercher à tout prix l'alliance de l'Italie démocratique et de la catholique Autriche en leur donnant des garanties? — Ah! c'est que Richelieu était grand penseur, un grand homme, un politique; Français d'abord quoique cardinal. Mais en 1887 nous n'avons pas de grands hommes.

Nous subirons certainement une nouvelle invasion! — L'Allemand respecterait peut-être la neutralité de la Belgique et de la Suisse; l'esprit prussien n'y songe pas, il rêve l'annexion du Luxembourg et de la Hollande, dans un temps relativement court. Les deux grandes lignes d'invasion sont Metz, Verdun, Châlons-sur-Marne, Paris; Strasbourg, Dijon, Châlons-sur-Saône, Lyon. Les armées ennemies arriveront en ligne; il faut éviter à tout prix, de commettre les fautes de 1870, en les empêchant de faire une conversion, soit sur leur droite avec l'intention de nous acculer à la frontière de Belgique, soit sur leur gauche pour nous pousser sur le Jura et la Suisse. La première des conditions de résistance pour nous est de nous placer dans l'angle des deux lignes d'invasion, afin d'éviter un Sedan nouveau ou un second Héricourt. De cette position centrale acquise nous menaçons offensivement les deux lignes d'invasion. M. Alfred Duquet nous indique une de ces positions page 63, les plateaux des Hayes. Puis successivement nous trouvons en arrière dans la même direction, le plateau de Langres et les Francilles, Dijon, enfin le plateau du Morvan, il faut que les Prussiens soient forcés de l'attaquer de front; il faut qu'ils ne puissent le tourner ni dans un sens ni dans l'autre en modifiant leurs objectifs de Paris et de Lyon pour se diriger soit sur Orléans, soit sur Moulins afin de gagner la Loire par Troyes et par Chagny. Il est donc

de toute nécessité que Troyes et Chagny soient énergique-
ment préparées d'avance, soutenues par des ouvrages de
campagne.

La France doit alors, pouvoir compter sur une défensive victorieuse avec une certaine certitude, en s'ap-
puyant sur une nouvelle ligne partant d'Amiens, passant
par Rouen, Paris, Orléans, Nevers, tout le fossé de la Loire,
Lyon. C'est un grand front bastioné, ayant pour saillant
de son chemin couvert, Langres; pour demi-lune le
Morvan avec Dijon au saillant. Les points faibles de cette
ligne sont Orléans, Nevers et Moulins si Troyes et Chagny
ne sont pas préparées. Les Prussiens connaissent comme
nous cette position, même ce plan de défense. C'est pour
éviter d'attaquer le Morvan de front qu'ils violeront les
neutralités de la Belgique ou de la Suisse.

Par la Belgique ils arrivent directement sur Paris en
suivant la vallée de l'Oise; par le défilé de Genève, sur
Chagny, Moulins et Nevers. Cette direction est menacée
en flanc gauche par Lyon seulement. C'est pour paralyser
Lyon qu'ils recherchent l'alliance italienne.

Nous avons des terrains préparés partout, sauf à Troyes
et à Chagny; il n'est que temps d'aviser (1).

Les Prussiens arrêtés devant le Morvan, à nous l'offensive. Par les chemins de fer de la haute Italie, 300,000
hommes arrivent facilement sur le Danube pour suivre
l'armée autrichienne en Silésie et en Saxe. Les chemins de
Berlin sont ouverts par la Lusace. Cette opération paraît-
elle extraordinaire en 18..? Il nous faut, comme première
condition, l'alliance de l'Italie et de l'Autriche, alliance offensive et défensive. A toutes les époques, les lois stratégiques de la science de la guerre restent les mêmes, quels

(1) Ce projet appartient en partie au général Ferron. Voir ses
publications sur la défense de la frontière de l'Est.

que soient les effectifs. Mais, nous aurons à l'avenir, 1,200,000 hommes à mettre en mouvement. Il faut menacer, chez lui, les grandes communications de l'ennemi. L'apparition seule de 300,000 Français sur le Danube à la suite de l'armée autrichienne, débarrasserait la France de l'invasion.

Si ce sont les grandes idées du ministre de la guerre, si c'est pour cette raison, en vue de parvenir à de semblables résultats qu'il demande de très gros effectifs ; il a raison. Ce mouvement général, qui peut paraître surprenant aux imaginations à courte vue, certes est moins compliqué aujourd'hui que ne l'était, en 1805, celui de l'armée de Boulogne marchant sur le Danube (1).

II

M. Alfred Duquet constate, page 73, que le maréchal Bazaine a été désigné, pour le commandement en chef, par l'opinion publique, contre la pensée de l'empereur.

Remplissait-il les conditions du commandement ? A qui remonte la responsabilité de ce choix ? L'auteur est assez juste dans cette question (page 75) : il cite l'opinion modérée du général Deligny, vraie, patriotique. Cette opinion explique bien des faits, elle est suffisante jusqu'à la bataille du 18, de Saint-Privat. L'expression trop vive d'autres sentiments que ceux du général Deligny, sont la conséquence des « Derniers jours de l'armée du Rhin. » Il n'y a pas lieu d'en tenir compte lorsqu'il n'est question que des affaires du 14, du 16 et du 18 août, Borny, Rezonville, Saint-Privat.

J'ai beaucoup connu Bazaine, j'ai servi plusieurs fois

(1) Voir *le Spectateur militaire* de 1869, juillet : 2ᵉ et 3ᵉ articles de l'introduction à la science de la guerre.

sous ses ordres, depuis l'époque où il commandait, à Paris, une division d'infanterie en 1860, jusques et y compris Metz en 1870. Bazaine me connaissait fort peu.

Bazaine était très ignorant, assurément fort intelligent, fort brave. Il disait rarement la vérité; quand il la disait, il ne la disait pas toute entière. Il trompait par habitude, inconsciemment je le veux bien, tous ceux qui servaient sous ses ordres, ceux qui lui étaient dévoués aussi bien que ceux qui lui étaient indifférents. Il n'attachait aucune importance à ce fait ; les hommes n'étaient rien pour lui.

Bazaine était avant tout indécis, irrésolu.

A cet égard, M. Duquet me permettra de lui signaler un trait inédit de Bazaine, inconnu, qui n'acquiert une certaine importance qu'aujourd'hui.

En 1860, rue Matignon, 22, logait le général de division Bazaine ; il y réunissait tous les samedis ses chefs de corps, ainsi que son chef d'état-major. Les corps représentés étaient le 19e bataillon de chasseurs à pied, les 33e, 34e, 37e, 38e de ligne (1). Quatre de ces chefs de corps sont morts ; deux autres sont encore vivants, officiers généraux en retraite. Pendant six semaines de suite, la délibération porta sur la possibilité de donner une teinte uniforme, jaunâtre, aux jambières de la division que portait alors toute l'armée. Après six semaines, la question n'était pas encore résolue; le général Bazaine, après l'avoir soulevée, l'abandonna sans la trancher : cette réunion de sept personnes ne put aboutir. Chaque chef de corps conserva son initiative. Voilà un fait typique d'irrésolution. D'autres, après celui-là, ne peuvent rien ajouter à la connaissance de ce caractère insondable.

Je ne veux pas refaire avec M. Alfred Duquet, ni Borny, ni Rezonville, ni Saint-Privat ; j'arrive tout de suite à Ba-

(1) Voir, pour les noms, l'*Annuaire* de 1860.

zaine, après le 18 août. Qui trahissait-il alors? « l'empire ».
Après, à Metz, qui trahissait-il? « la France » au profit de
l'empire. Il y a là une contradiction apparente manifeste
dans les affirmations de M. Alfred Duquet. Les calculs
d'intérêt personnel ne se sont produits que successivement,
progressivement dans cette tête sans jugement, dans laquelle
l'absence de sens moral se faisait journellement sentir. Les
preuves d'absence de sens moral ne font pas défaut ; il
faudrait les chercher dans la vie privée. Abstenons-nous,
comme l'a fait du reste M. Alfred Duquet, auquel nous de-
vons rendre pleine et entière justice à cet égard. Que Bazaine ait éprouvé des contrariétés de la présence de l'empereur à Metz, lui Bazaine opposant, porté au pouvoir par
l'opinion publique, nul doute à cet égard ; qu'il n'ait pas
désiré rejoindre l'empereur, c'est certain. Mais ce qui est
certain aussi, c'est qu'il voulait une victoire pour conso-
lider, consacrer sa puissance. Il savait très bien que, si le
16 ou le 18 août, il rejetait l'armée prussienne sur la rive
droite de la Moselle, ce ne serait pas lui avec l'armée du
Rhin qui serait appelé à Châlons, mais que l'armée de Châlons viendrait le rejoindre sur la haute Moselle, précisément sur les plateaux des Hayes ; il savait qu'il y devien-
drait le généralissime, le maître absolu des deux armées.
Ce désir de Bazaine, j'en ai été instruit bien des années
plus tard, à Clermont-Ferrand, par deux officiers supérieurs
attachés aussi à l'état-major général de l'armée du Rhin,
en 1870 ; ceux-ci, modestes quoique intelligents, n'ont pas
cru devoir faire parler d'eux.

Mais ce que Bazaine ne savait pas, c'est qu'à Rezonville
comme à Saint-Privat, il laissait échapper la victoire. Ce
qu'il ne savait pas, c'est quelles pouvaient être les conséquences des combats qui se livraient sous ses yeux. Ne
voyant ni la fuite, ni la déroute comme en Afrique, en
Crimée, en Italie. Il ne croyait pas au succès. Son inexpé-

rience du champ de bataille, son ignorance même de la
géographie du terrain, qu'il ne voulait pas avouer, son
ignorance des lois générales de la grande guerre, avec un
esprit déjà naturellement irrésolu le jetaient dans des
doutes terribles : comme l'homme qui va se noyer se
cramponne au dernier brin d'herbe qu'il trouve sous sa
main, Bazaine se cramponnait à Metz où il voyait le salut
du moment, sans apercevoir la catastrophe finale que l'expérience et l'histoire nous montrent inévitable dans un
temps plus ou moins long.

Il me semble tout ceci bien suffisant pour expliquer
Bazaine à Borny, à Rezonville, à Saint-Privat, sans chercher profondément chez lui d'autres sentiments. Celui qui
a l'habitude d'obéir, de subir l'influence du commandement,
sait combien les pensées d'un chef se reflètent dans ses
ordres, combien même l'absence d'ordres, de direction,
paralyse celui qui est chargé de l'exécution. Voilà toute
l'explication de l'attente malheureuse du commandement
intermédiaire.

M. Alfred Duquet, à la page 120, est sévère pour les
généraux impériaux, mais il est consolant dans toute son
œuvre, car il nous fait voir à chaque instant que les généraux prussiens ont aussi bien, que les nôtres, commis des
fautes graves. Cette appréciation devrait lui prouver, en
tous cas, que la guerre, à la fin du XIXᵉ siècle, est encore
plus difficile qu'elle ne l'était au commencement. Les lois
de la science stratégique restent pourtant les mêmes;
tandis que chaque général fait de l'art à son image. Les
armées modernes ont des effectifs dix fois supérieurs à
ceux des temps passés, les règles n'en doivent pas moins
être appliquées sur des terrains d'opérations ou de manœuvres ; les conceptions doivent avoir dix fois plus
d'étendue. Ce ne sera pas, dès lors, sur une carte au
1/80,000, ou sur une carte au 1/320,000, que le général

trouvera à appliquer les lois de la guerre moderne. Le
généralissime est forcé d'avoir devant l'esprit, devant les
yeux, sa carte en permanence ; l'orographie et l'hydro-
graphie de toute l'Europe centrale ; il doit en connaître les
points forts, les points faibles, les points stratégiques, sans
faire de recherches. Le travail et l'étude seuls permettent
d'arriver à un pareil résultat. L'histoire comparative peut
fixer son esprit, ses pensées, ses irrésolutions. La carte au
1/80,000 n'est bonne que pour les détails d'opérations
d'une division, et puisque M. Alfred Duquet nous apprend
que les généraux prussiens n'ont pas fait mieux que les
nôtres « soyons indulgents. »

Il est certain aussi que si nos généraux de 1870 n'ont pas
été irréprochables, ils avaient au moins pour eux, aux yeux
des soldats « le prestige, » puissance morale de premier
ordre. Quel est donc le prestige des généraux de l'avenir ?
où peuvent-ils l'avoir trouvé ? Les plus hauts placés, les
plus élevés en grade sont précisément ceux qui ont le moins
d'expérience ou de service. Je tiens essentiellement à éviter
les personnalités, je ne veux pas aider au découragement
général qui commence à se faire sentir. Autre époque,
autres mœurs. Combien avons-nous vu, en Crimée, d'officiers remarquables, instruits, blessés trois fois en 26 mois
de campagne, qui se sont estimés très heureux de rentrer
en France, ne rapportant que le ruban rouge. Quel prestige, quelle confiance peut inspirer pour l'avenir Viller-
sexel ou Chennebier, quand on lit dans le deuxième volume
du colonel Derrécagaix, traitant de la tactique moderne, la
relation de ces deux combats. Chennebier pris, puis abandonné pendant douze heures par le commandant du 18e corps,
cela au moment où Werder n'avait plus personne à lui
opposer, ni sur la route de Chennebier à Belfort, par Chalon-
villars, ni sur celle de Frahiers à Belfort, au moment où
Wilissen, avec sa brigade, avait abandonné Ronchamp en

se retirant le long du chemin de fer sur la Chapelle-sous-Chaux et Giromagy, qu'il avait atteint en démasquant complètement et en cessant de couvrir Belfort. Je cite le colonel Derrécagaix, parce que M. Alfred Duquet, avec raison, en parle souvent; mais avouez donc aussi que leurs amis politiques n'ont pas été défavorables aux hommes de l'avenir.

Espérons quand même ; dans une grande guerre de quelque durée, l'homme providentiel finit par surgir ; mais il n'est jamais celui qu'une popularité malsaine a porté au pouvoir. Trochu et Bazaine sont là pour en témoigner.

III

Jusqu'à Noisseville, Bazaine a été notoirement insuffisant, après Noisseville il devient coupable. Une révolution avait éclaté à Paris, elle avait été acceptée par la France ; un gouvernement de fait s'était constitué.

Dès le 5 septembre, les premiers bruits très vagues de la catastrophe de Sedan commençaient à se répandre dans nos cantonnements. Une partie de whist était engagée chez le général Jolivet. Sous la préoccupation universelle la conversation s'engage.

— Et dire, que la situation est telle, que si l'empire était renversé, si un changememt de gouvernement avait lieu, nous ne nous en douterions seulement pas.

— Qu'est-ce que vous dites?... Qu'est-ce que vous dites ?... — Qu'elle folie !... Quelle idée !

— Allons, atout. La partie continue.

Le ? dans les mêmes conditions.

— Eh bien, les racontars vont leur train, aujourd'hui c'est l'empereur qui est prisonnier ?

— Et encore à Sedan !

— Quelle bêtise ! je vous le demande qu'aurait-il été faire à Sedan !

— Mais c'est idiot tout simplement.

— Allons, atout !

Voilà la situation des esprits du 7 au 14 septembre, au 2ᵉ corps à Montigny. Le 14, malheureusement nous étions éclairés. Le tambour-major du 14ᵉ de ligne, fait prisonnier à Sedan fut versé par échange au 55ᵉ à Metz. C'est lui qui se chargea de nous instruire.

Tout a été dit sur Sedan comme opération de guerre. Il existe cependant une légende répandue sur laquelle il est bon de s'expliquer une bonne foi. Pour l'homme politique ce serait surtout un intérêt dynastique qui nous aurait précipité dans le gouffre. Si c'est l'intérêt dynastique, s'il était en jeu, c'est la présence seule de l'empereur à Paris qui en constituait le danger. Admettons-le puisqu'on le dit. L'empereur ne revenant pas à Paris, comment l'intérêt de la dynastie peut-il dépendre de la direction suivie par l'armée de Châlons. Le rôle de celle-ci était de continuer la défense du territoire, de retarder le plus longtemps possible l'arrivée de l'armée prussienne sous les murs de la capitale, de se réunir à l'armée de Metz. Ce but n'était-il pas atteint dans les mêmes conditions en dirigeant l'armée de Châlons sur Langres, Neufchâteau, les plateaux de la Haute-Moselle. Qu'allait-on faire à Sedan entre l'enclume et le marteau ? Prisonnière ou réfugiée en Belgique, l'armée de Châlons n'était plus d'aucune utilité. Sur le flanc gauche de l'invasion, au contraire même une bataille perdue laissait à l'armée de Châlons la France derrière elle. L'intérêt dynastique se trouvait aussi bien sauvegardée à Langres qu'à Sedan ; il n'y a pas lieu de le discuter. Il n'y a à Sedan qu'une vicieuse direction militaire, vicieuse en ce sens qu'une armée de plus de 100,000 hommes ne peut trouver aucun appui sur des places échelonnés aussi faibles que

Sedan, Montmédy, Longwy ou Thionville. Il n'y a rien de militaire dans la pensée qu'un intérêt dynastique a pu conduire à Sedan, non pas à Langres. Passons, il ne vaut pas la peine d'insister davantage sur la question, légende de Sedan, présentée de cette façon.

L'esprit et l'intelligence de Bazaine furent complètement troublés par la révolution du 4 septembre. Le jugement lui faisant défaut, l'absence de sens moral le pousse à l'intrigue. M. Alfret Duquet nous montre successivement Régnier, Arnous Rivière, le général Boyer, Bourbaki joué, l'impératrice a été sauvée du piège par un éclair de l'esprit français, par un éclair de patriotisme. C'est mal défendre Bazaine au milieu de ses manœuvres politiques que de dire : « puisque vous savez ce qui s'est passé, croyez-vous qu'une restauration impériale n'eut pas été préférable, en novembre 1870, pour la France, à tout ce que nous avons vu? »

La question n'est pas là, la fin n'a jamais justifié les moyens quand il s'agit de choses peu délicates sortant des lois de la plus stricte probité. Ce que l'armée de Metz ne pouvait admettre dans aucun cas, c'était la continuation de la guerre à Paris et sur la Loire, pendant qu'elle neutralisée, procéderait à la restauration du gouvernement tombé. Comprenez donc que l'armée de Metz avait avant tout la haine du Prussien, la rage au cœur que la captivité n'a pu calmer. En novembre 1870, une contre-révolution était un crime ; un crime qui n'eut trouvé son semblable que dans celui du 4 septembre. C'eut été un crime de lèse-patrie. En novembre 1870 la France se défendait contre l'invasion ; arrière les divisions. Le gouvernement de la défense nationale, ce gouvernement de fait, était accepté ou subi par la France entière. Il n'y a qu'à juger, examiner la composition de l'armée de la Loire pour s'en convaincre. Tous ; zouaves pontificaux ou fédérés, légitimistes ou orléanistes, bonapartistes ou républicains. Radicaux et socialistes non pas! Ces derniers sont les citoyens « du monde. » Ils ne sont pas Français.

Jusqu'au moment où Bazaine a clairement manifesté son intention de restaurer l'empire, sa conduite est inexplicable; de là, la croyance à une promesse d'argent faite par Bismarck. Je n'aime pas Bismarck, je suis payé pour ne pas l'aimer. Qu'il ait essayé de faire une offre d'argent à Bazaine, c'est possible; mais qu'il ait promis effectivement puis qu'il n'ait pas tenu, laissant Bazaine dans la plus affreuse misère, ma haine contre le Prussien ne va pas jusque là.

Si Bazaine ne voulait pas l'empire sérieusement quand il envoyait le général Boyer en Angleterre, aveuglé par sa popularité, sachant qu'à Tours, aussi bien qu'à Paris, on l'appelait le grand Bazaine, le glorieux Bazaine, que voulait-il donc?

Il rêvait à César, à Cromwel! L'impératrice l'a cru. Bazaine se voyait Cromwel avec la seule armée de la France sauvée. Il concluait à César mais ce n'était qu'un rêve. En république chacun veut être César. Depuis le 28 octobre le grand Bazaine a disparu.

Après la capitulation le prince Frédéric-Charles le reçoit mal. J'ai connu à Berlin le prince Frédéric-Charles. Son abord n'a jamais été aimable; très dur pour lui et ses semblables, plein de morgue et d'orgueil, un homme n'était rien. Cependant le prince Frédéric-Charles était un soldat; si Bazaine avait eu la moindre place dans son estime, son accueil à un soldat eut été tout autre. Le prince Frédéric-Charles savait mieux que personne à quoi s'en tenir sur Bazaine; il est mort avec son secret. Bismarck nous le révèlera-t-il un jour? Le moment n'est pas arrivé; je crois fort que nous ne pourrons le trouver, ce secret, nous-mêmes, qu'un jour dans les archives de Berlin.

IV

Je veux passer sous silence l'épisode des drapeaux. J'ai dit aussi que je m'abstiendrais de parler des hommes en sous-ordre. Il me serait très facile de répondre aux accusations secondaires de M. Alfred Duquet en laissant transpirer des insinuations semblables aux siennes sur certains hommes de troisième ordre à Metz, que notre auteur cite avec trop de complaisance, qui sont loin d'avoir toujours rempli en conscience, sans esprit de haine ni d'envie, la mission qui leur avait été confiée. Une polémique de ce genre n'est pas de l'histoire ; le public sage ne l'accepte pas.

Après la décision du conseil d'enquête présidé par le maréchal Baraguay-d'Hilliers, il était difficile sinon impossible de ne pas mettre Bazaine en jugement.

Le conseil de guerre, 3 ans après la capitulation, le 10 décembre 1873, prononça sa condamnation à l'unanimité, par application des deux articles combinés 209 et 210 du Code de justice militaire. La condamnation à mort était légitime, légale, justifiée par les faits. Le maréchal Bazaine apprend que nul n'est au-dessus de la loi.

Le Code de justice militaire n'admet pas, dans l'espèce, les circonstances atténuantes, permettant aux juges, quand les jurés ont prononcé, d'abaisser la peine d'un degré, par application de l'article 463 du Code pénal ordinaire. Les membres d'un conseil de guerre sont juges et jurés à la fois. Quel moyen les membres du conseil de guerre avaient-ils légalement pour appliquer à la cause les circonstances atténuantes. Article 463 ? — Aucun — Le recours en grâce n'a pas d'autre signification. Les membres du conseil ne se sont pas déjugés comme le croit M. Alfred Duquet. Les raisons données dans leur recours en grâce ne sont que de deuxième ordre. La vraie circonstance atténuante, la seule dont il ne pouvait être fait mention, le 10 décembre 1873 dans une pièce officielle, c'est « *la révolution du 4 septembre.* »

M. Thiers le jugeait ainsi, il n'a jamais voulu du conseil de guerre pour Bazaine tant qu'il a été le chef du pouvoir exécutif. M. Thiers était un homme politique, le maréchal de Mac-Mahon n'était qu'un soldat ne voyant que sa consigne.

CONCLUSION

Si les deux volumes de M. Alfred Duquet ne sont pas encore de l'histoire, son travail énorme, ses nombreuses citations serviront à l'écrire plus tard. M. Alfred Duquet avec son cœur, parle en patriote convaincu. Il remue l'âme et fait revivre toutes les passions de 1870. Il faut le lire, il faut que la jeunesse s'instruise ; nul part il n'est possible de trouver un travail plus complet, plus résumé, plus condensé. Très supérieur quand il rend compte des faits, il faiblit quand il parle des hommes.

Je ne serai pas seul à lui reprocher d'avoir subi l'influence de certain milieu dont l'historien doit savoir s'affranchir.

Je n'appartiens à personne ; je n'ai jamais recherché les faveurs du pouvoir à aucune époque ; je suis libre, indépendant, j'aime les formes, les égards que les hommes se doivent entre eux. Je ne suis pas agressif, mais je réponds aux attaques parfois avec violence.

Que M. Alfred Duquet me pardonne en faveur de mes intentions si j'ai été parfois sévère pour lui

W***.

Imprimerie du *Spectateur militaire.*
Paris. — H. Noirot, Imprimeur, 22, rue de l'Abbé...

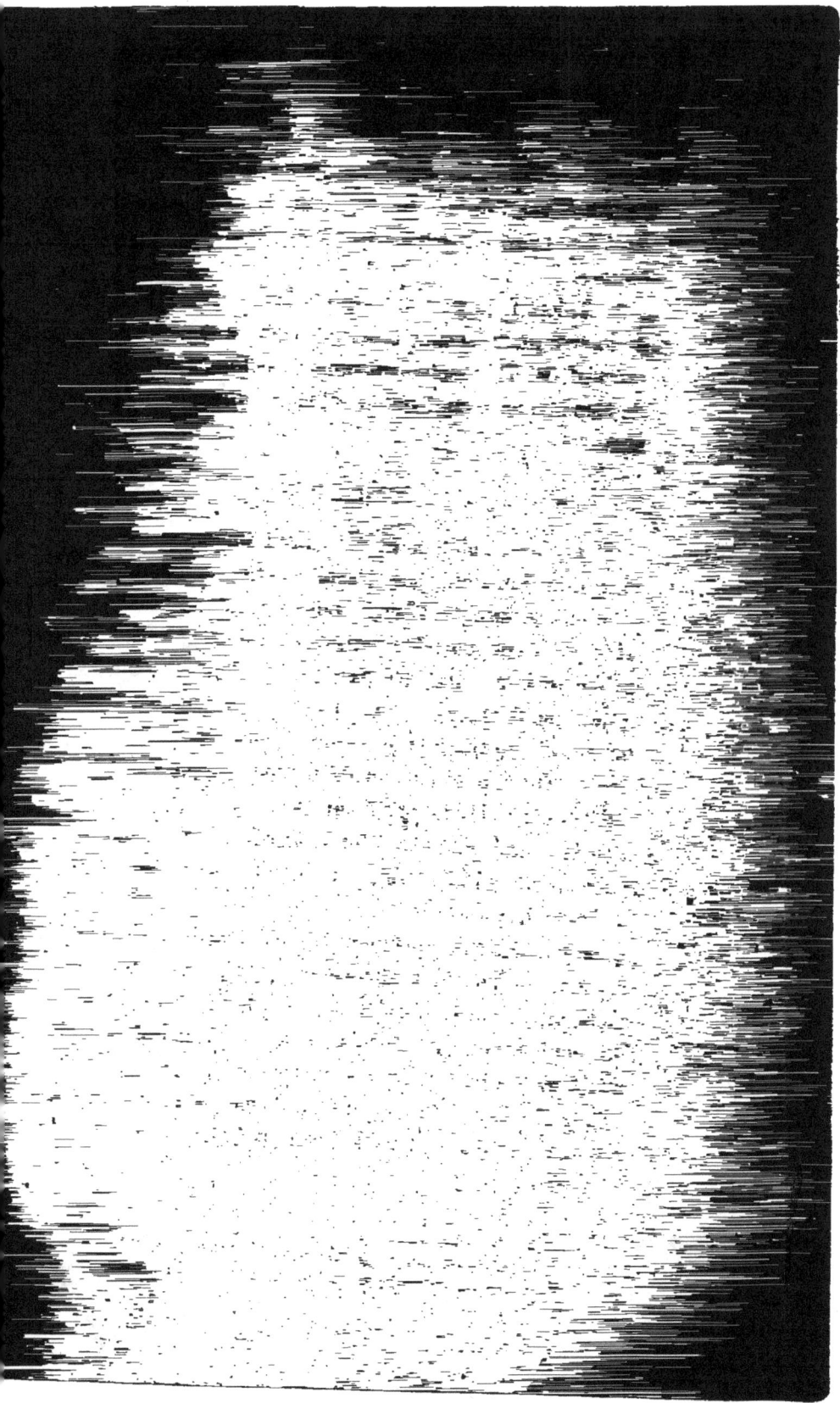

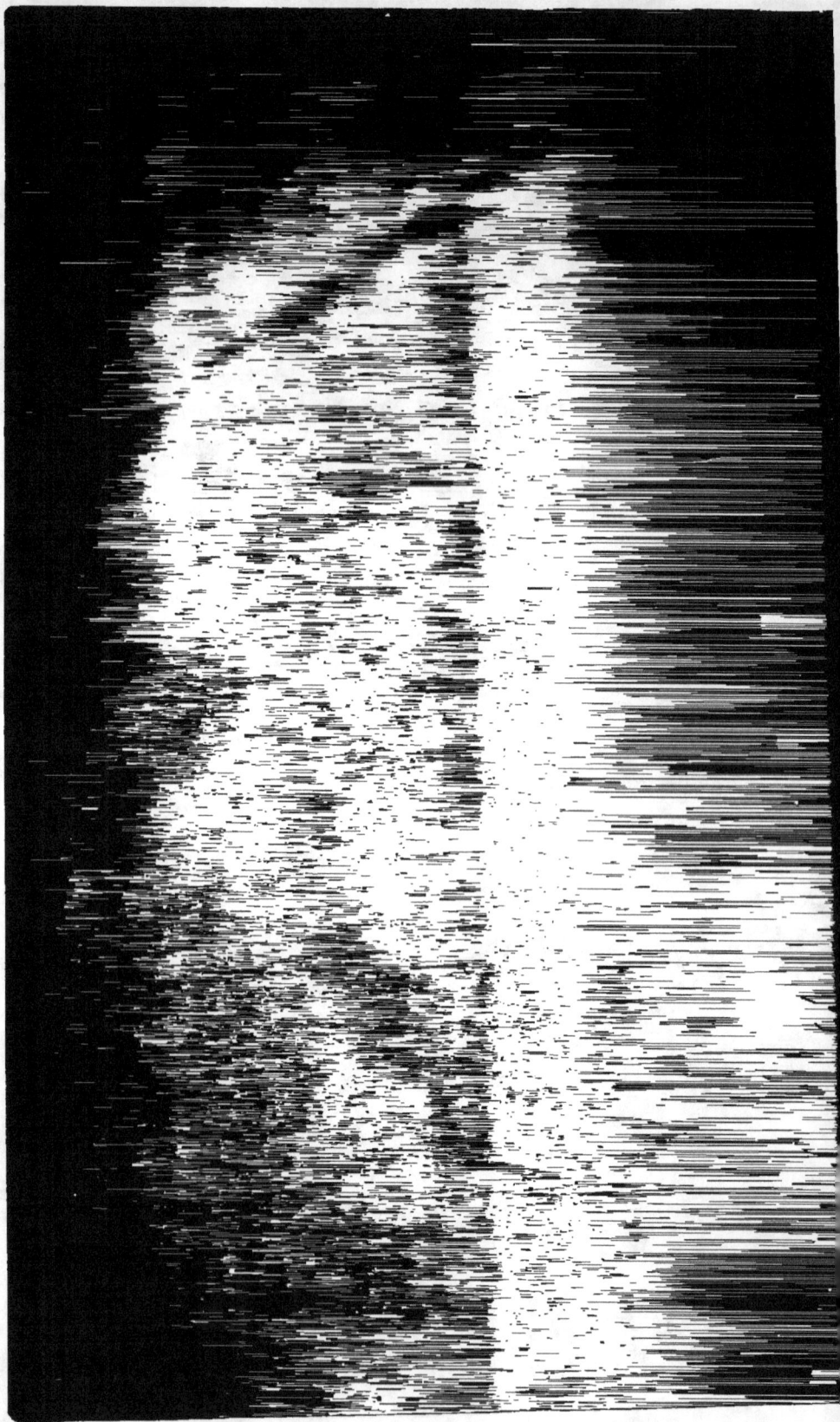

www.ingramcontent.com/pod-product-compliance
Lightning Source LLC
Chambersburg PA
CBHW060806280326
41934CB00010B/2571